Theresia Thielen

Hedwig Niewerth · Margret Lütkebohmert

Wassergewöhnung mit Kleinkindern

Pohl-Verlag Celle

Verfasserinnen:	Hedwig Niewerth, 4421 Reken Margret Lütkebohmert, 4421 Reken
Redaktion:	Wolfram Herold, 8122 Penzberg
Verlag und Druck:	Pohl-Druckerei und Verlagsanstalt, Otto Pohl, 3100 Celle
Zeichnungen:	Eugen Rümmelein, 8532 Bad Windsheim

ISBN 3-7911-0151-X

Inhalt

Hier folgt nur eine Gesamtübersicht. Die detaillierten Übersichten sind den jeweiligen Kapiteln vorangestellt.

Einführung

Das vorliegende Buch „Wassergewöhnung mit Kleinkindern“ ist in dem Bestreben entstanden, all denjenigen, die im (Vor)Schulbereich „unsere Jüngsten“ mit dem feuchten Element vertraut machen sollen, Hilfestellung zu leisten.

Die Autoren wollen auf diese Weise Eltern, Erziehern, Schwimmeistern, Übungsleitern und Lehrern eine Fülle von Anregungen, Übungsformen und Spielen an die Hand geben, die es ihnen erleichtern, durch eine zielgerichtete, aber dennoch spielerisch-freudvolle Stundengestaltung den Kindern evtl. bestehende Ängste zu nehmen und diese darüber hinaus zu wirklichen „Wasserratten“ zu erziehen, um somit die Grundlage für sich anschließende Anfängerschwimmkurse zu schaffen.

Die Kindergruppen sollten aus maximal zwölf Kindern bis zu sechs Jahren bestehen. Mehr Teilnehmer sind nicht empfehlenswert, da abgesehen von der Frage nach der Aufsichtspflicht des Übungsleiters auch jedes Kind gerade in dieser Wassergewöhnungsphase eine individuelle Unterstützung erwartet. In diesem Zusammenhang ist es von Vorteil, wenn ein(e) Helfer(in) zur Seite steht.

Falls das Hallenbad über einen beweglichen Boden im Lehrschwimmbecken verfügt, wird dieser so eingestellt, daß das Wasser dem kleinsten Schwimmer bis zur Brust reicht. Bei dieser Tiefe ist es nicht notwendig, daß die Kinder Schwimmhilfen, wie Reifen oder Armmanschetten, tragen.

Die 40minütige Übungsstunde soll durch verschiedene Übungsgeräte (siehe Anhang) immer wieder lebendig gestaltet werden. Vieles läßt sich leicht besorgen oder ist in jedem Haushalt zu finden. Der Schwimmlehrer sollte sich auch nicht scheuen, einmal „für Aufsehen“ im Bad zu sorgen, indem er z. B. mit einem Bettlaken oder mit Schlafanzügen Übungen ausprobiert. Die Kinder belohnen solche Einfälle immer mit lebhafter Begeisterung.

Der Übungsleiter darf bei den Kindern keine einheitliche Leistung erwarten. Kein Kind soll zu etwas gezwungen werden, das es nicht selber ausprobieren möchte. Gerade bei ängstlichen Kindern erreicht man durch Lob viel mehr.

Kinder lernen sehr gut durch Nachahmen; deshalb ist es Hilfe und Ansporn zugleich, wenn der Übungsleiter auch einmal ins Becken steigt und Übungen vorher zeigt. Im Lehrschwimmbecken ist dies sicherlich unter dem Gesichtspunkt der Aufsichtspflicht vertretbar. Haben die

Kinder am Schluß einer Stunde Gelegenheit, Erlerntes im freien Spiel zu vertiefen oder einfach zu tun, was ihnen gerade Freude bereitet, ist die Begeisterung für die nächste Stunde schon geweckt.

Neben den Lernzielen der Sachkompetenz soll auch der hohe gesundheitliche Stellenwert sowie die Förderung des Selbstvertrauens des Kindes durch die Wassergewöhnung nicht übersehen werden. Indem das Kind lernt, sich allein umzuziehen und im Schwimmbad zurechtzufinden, wird auch die Selbständigkeit gefördert.

In diesem Zusammenhang sei darauf hingewiesen, daß den Kindern in der ersten Stunde die Baderegeln erklärt werden müssen, die unbedingt einzuhalten sind. Es hat sich weiterhin als günstig erwiesen, alle Kinder vor dem Schwimmen noch einmal zur Toilette zu schicken – daß sich vor dem Sprung ins Wasser geduscht und gewaschen wird, ist selbstverständlich.

Um einen zügigen und reibungslosen Übungsbetrieb zu gewährleisten, ist es außerdem empfehlenswert, mit den Kindern ein Handzeichen zu vereinbaren: Sobald der Schwimmlehrer seinen Arm hebt, gehen alle Kinder zu einer Beckenseite und setzen sich dort an den Rand. Auf diese Weise kann stimmschonend und geordnet die nächste Anweisung gegeben werden. Allerdings gilt es zu berücksichtigen, daß die Erklärungsphasen nicht zu lange dauern dürfen, da die Kinder sonst schnell zu frieren beginnen.

Bei der Auswahl der Übungen in jeder Stunde sollen möglichst alle wichtigen Lernbereiche der Wassergewöhnung berücksichtigt werden. So ist es ratsam, regelmäßig Tauch-, Spring-, Atem- und Gleitübungen durchzuführen. Um einen hohen Motivationsgrad zu erzielen, steht bei jeder Auswahl der spielerische Charakter einer Übung im Vordergrund. Auch soll bei der Schilderung der Aufgaben die Vorstellungskraft und Phantasie der Kinder mit angesprochen werden, indem der Lehrer etwa formuliert: „Stellt euch vor, jeder von euch ist ein Schiff auf dem Meer, der eine ein schnelles Polizeiboot, der andere ..." Es ist außerdem wichtig, daß Übungen gewählt werden, bei denen alle Kinder gleichzeitig beschäftigt sind. Um unnötige Wartezeiten zu vermeiden, ist es daher sinnvoll, sämtliche Übungsgeräte bereits vor der Stunde zurechtzulegen.

Daß mit der Wassergewöhnung nicht bis zum Schuleintritt gewartet werden sollte, ist allgemein bekannt. Auf diesen Punkt sei abschließend nur noch einmal hingewiesen.

1

Wasserspiele

Abb. 1

Abb. 2

1.1 Die Wasserschlange

Alle Kinder fassen sich an (Handfassung, oder die Hände auf die Schultern des Vordermannes legen). Sie bilden so eine lange Schlange und laufen durch das Becken. Der erste (Kopf der Schlange) versucht, den letzten (Schwanz der Schlange) zu erwischen *(Abb. 1)*.

1.2 Elektrischer Zaun

Zwei oder drei Kinder fassen sich an und bilden den „elektrischen Zaun“. Sie gehen nebeneinander langsam durch das Wasser. Die anderen Kinder müssen dem „elektrischen Zaun“ ausweichen. Wer diesen berührt, muß ausscheiden und geht an den Beckenrand.

Zur Erschwerung kann man die Anzahl der „Zäune“ auf 2, 3 oder 4 erhöhen. Die „Zäune“ dürfen ständig ihre Richtung ändern. Wer geschickt und flink ist, kann unter den Armen der zaunbildenden Kinder drunterdurchtauchen *(Abb. 2)*.

1.3 „Klopf, klopf, gefangen ist der Kopf“

Ein Kind wird zum Fänger bestimmt und legt eine Hand auf den Kopf. Mit der anderen Hand muß es die übrigen Kinder anschlagen, tippt dabei einige Male leicht mit den Fingern auf den Kopf des Gefangenen und spricht: „Klopf, klopf, gefangen ist der Kopf.“ Dieser legt jetzt auch eine Hand auf seinen Kopf und hilft beim Fangen *(Abb. 3)*.

1.4 Mitternacht

Ein Fänger steht seinen Mitspielern im Becken gegenüber. Diese kommen geschlossen auf ihn zu und fragen ihn ständig: „Wie spät ist es?“ Solange der Fänger mit den verschiedensten Uhrzeiten antwortet, geschieht nichts. Antwortet er jedoch mit: „Mitternacht“, versucht er ein Kind zu fangen. Die Kinder flüchten zurück an den Beckenrand. Derjenige, der vom Fänger erwischt wird, ist der neue Fänger.

1.5 „Fischer, Fischer, wie tief ist das Wasser?“

Der „Fischer“ steht im Becken den übrigen Kindern gegenüber. Die Kindergruppe ruft: „Fischer, Fischer, wie tief ist das Wasser?“ Der Fischer antwortet z. B.: „50 m tief.“ Die Kindergruppe fragt nun: „Wie kommen wir hinüber?“ Der Fischer denkt sich jetzt eine Bewegungsart aus und teilt sie der Kindergruppe mit. Entsprechend dieser Bewegungsart versucht die Kindergruppe, den gegenüberliegenden Beckenrand zu erreichen, ohne vom Fänger erwischt zu werden. Die Abgeschlagenen müssen beim Fangen helfen.

Abb. 3

Abb. 4

Abb. 5

1.6 Entenjagd

Ein Kind ist die „Ente“ und bekommt ein Tuch oder eine Bademütze in die Badehose gesteckt. Die übrigen Kinder versuchen, der „Ente“ das Tuch zu entreißen. Wenn die „Ente“ taucht, ist sie in Sicherheit. Derjenige, der das Tuch erwischen kann, wird die neue „Ente“.

1.7 „Klein, groß – Hände los!“

Die Kinder stehen im Kreis und halten sich an den Händen gefaßt. In der Mitte des Kreises steht ein Spieler und ruft: „Klein!“, „Groß!“, „Hände los“. Die Kinder setzen die Kommandos in entsprechende Bewegungen um und rufen dann zurück: „Bück dich!“ und „Fang mich!“. Jetzt flüchten die Kinder schnell an den Beckenrand. Wer gefangen wird, muß in die Mitte.

1.8 „Fischer, Fischer, 1, 2, 3“

Der Fischer steht gegenüber der Kinderreihe, er hat sein Gesicht abgewandt. Sobald er langsam ruft: „Fischer, Fischer, 1, 2, 3“ gehen die Kinder einen Schritt vor und tauchen dann schnell unter (das Gesicht muß zumindest im Wasser liegen). Der Fischer dreht sich nach seinem Ausspruch um, sieht er jemanden, der nicht taucht, darf er ihn zurück an die Ausgangslinie schicken. Wer zuerst beim Fischer angelangt ist, ist der neue Fischer.

1.9 Das Fischernetz

Drei Kinder bilden ein Fischernetz, indem sie sich an die Hände nehmen. Die anderen Mitspieler sind die Fische, die gefangen werden müssen. Ein „Fisch“ ist erst dann gefangen, wenn die drei Fänger ein Kind eingekesselt haben. Alle gefangenen „Fische“ müssen beim Fangen mithelfen. So wird das Fischernetz immer größer und auch die Möglichkeit, daß mehrere „Fische“ auf einmal gefangen werden *(Abb. 4)*.

1.10 Der Hai und der Hering

Ein Kind ist der Hai und ein zweites der Hering. Die anderen Mitspieler verteilen sich zu Paaren im ganzen Becken. Der „Hai“ versucht jetzt, den „Hering“ zu fangen. Der „Hering“ kann sich retten, wenn er sich zwischen ein Paar stellt, das ihn sofort schützend einschließt, indem es sich die Hände reicht. Der „Hering“ darf sich nur so lange in dem schützenden Ring aufhalten, wie der „Hai“ bis zehn zählt. Während der „Hering“ innerhalb dieser Zählzeit flüchten kann, muß der „Hai“ erst zu Ende zählen, bevor er seine Jagd fortsetzen kann. Die Paare haben die Möglichkeit, im Becken herumzulaufen; sie sind so ein Hindernis für den „Hai“. Der „Hering“ darf sich nur fünfmal in einen Ring retten. Danach wird gewechselt und natürlich dann auch, wenn der „Hai“ den „Hering“ fangen kann *(Abb. 5)*.

Abb. 6

Abb. 7

1.11 Das Meer und die Fische

Die Spieler verteilen sich in den vier Ecken des Beckens. Jede Gruppe gibt sich einen Fischnamen. Ein Fänger geht im Becken herum und ruft:

- „Das Meer ruft die Heringe." Diese kommen aus ihrer Ecke und laufen im Meer herum.
- „Das Meer ist ganz ruhig." Alle gehen mit kleinen Schritten auf den Ballen.
- „Das Meer ist voller Wellen." Alle hüpfen und springen.
- „Das Meer ist stürmisch." Alle hüpfen und springen höher und schlagen mit den Händen auf das Wasser.
- „Die Ebbe kommt." Bei diesem Ausruf flüchten die Heringe schnell in ihre Ecken.

Der Fänger versucht natürlich, einen Hering zu fangen. Er kann auch mehrere Fischgruppen gleichzeitig ins „Meer" rufen.

1.12 „Alle Vögel fliegen hoch! Alle Fische tauchen unter!"

Die Kinder stehen im Kreis und halten sich an den Händen. Sie nennen jetzt Dinge, die entweder fliegen oder tauchen. Kann etwas fliegen, springen die Kinder in die Höhe und reißen die Arme mit hoch. Kann etwas tauchen, gehen die Kinder unter Wasser. Es können auch lustige Dinge genannt werden, z. B. ein Boot mit Loch *(Abb. 6)*.

1.13 Wochenspaziergang

Die Kinder stehen im Kreis und halten sich an den Händen. Sie rufen jetzt gemeinsam die Wochentage und springen dabei jedesmal in die Höhe. Am Sonntag tauchen alle unter.

1.14 „Auf und ab und tief hinab"

Die Kinder stehen im Kreis mit Handfassung. Sie sprechen gemeinsam und springen dabei: „Auf und ab; und auf und ab; und auf und ab und tief hinab!" Beim letzten Ausspruch tauchen die Kinder unter.

1.15 Sturmflut

Alle Kinder stellen sich eng nebeneinander an die Längsseite des Beckens und halten sich mit gestreckten Armen an der Beckenkante fest. Neptun, der Meeresgott, gibt jetzt das Kommando zur Sturmflut, die dadurch entsteht, daß die Kinder ihre Arme gleichzeitig strecken und beugen und mit ihrem Rücken das Wasser wegschieben *(Abb. 7)*. Die Kinder können sich, wenn genügend Wellengang vorhanden ist, in der Brandung tummeln.

Abb. 8

Abb. 9

„Neptun", der Spielleiter, steht oben am Beckenrand und gibt folgende Zeichen:

- Hände vor und rück (= Wellen machen);
- ausgestreckter Arm (= Tummeln im Wasser);
- Arme scheren (= die Wellen sind verflacht), wieder zurückkommen.

1.16 „Pitsche, patsche"

Die Kinder stehen im Kreis und sprechen gemeinsam:

„Pitsche, patsche, klitsche, klatsche,
so geht's im Wasser mit Geflatsche.
Wir fassen an zu einem Kreis
und gehen rund, daß es jeder weiß.
Wir zählen gleich bis vier,
dann sind verschwunden wir:
1, 2, 3, 4."

Bei den ersten beiden Zeilen klatschen die Kinder mit den Händen aufs Wasser. Das andere ergibt sich aus dem Text.

1.17 Tauchender Kreis

Alle Kinder stehen im Kreis ohne Handfassung. Der Spielleiter steht in der Mitte und hat einen Stab in seinen Händen, den er ausstreckt. Während der Spielleiter sich dreht, geht der Stab dicht über die Köpfe der Kinder hinweg. Diese müssen sich ducken und untertauchen, sobald der Stab in ihre Nähe kommt *(Abb. 8)*.

1.18 „Fang das Ende!"

An das Ende einer Leine wird ein Ring geknotet. Der Spielleiter läuft mit der Leine kreuz und quer durch das Becken, während die Kinder versuchen, das Ende zu fassen. Zunächst wird ein Ring angeknotet, der auf dem Wasser schwimmt, dann einer, der untergeht *(Abb. 9)*. Nach diesem zweiten Ring müssen die Kinder tauchen. Wer ihn bekommen hat, darf als nächster die Leine durch das Becken ziehen.

1.19 Hungrige Fische

Zwei Mannschaften stehen sich am Beckenrand gegenüber. Zwischen ihnen befindet sich der Spielleiter. Er wirft kleine Gegenstände, die entweder schwimmen oder absinken, ins Wasser, z. B. Ringe, Becher, Tennisbälle, Kieselsäckchen, Plastikflaschen und -figuren o. ä. Auf sein Kommando eilen beide Mannschaften herbei und holen sich „Futter". Jeder Mitspieler darf aber nur einen Gegenstand mit sich nehmen und zum Beckenrand bringen, wo die Spielteile in einer Schüssel gesammelt werden.

Die Mannschaft, die die meisten Teile „erbeutet", ist Sieger.

1.20 „Haltet die Seile frei!"

Das Becken wird durch eine Leine in zwei Hälften geteilt. In jeder Hälfte befindet sich eine Mannschaft. Außerdem liegen – gleichmäßig verteilt – Tennisringe, Tischtennisbälle oder kleine Gummibälle auf jeder Seite. Auf Zuruf beginnen die Spieler damit, die Bälle in die gegnerische Hälfte zu werfen. Die Mannschaft, die ihre Seite ganz von Bällen befreit, ist Sieger.

1.21 „Fährmann hol über!"

An einem Schwimmreifen wird ein langes Seil befestigt. Ein Kind wird zum Fährmann bestimmt und zieht seine Mitspieler, die sich in den großen Schwimmreifen setzen, der Reihe nach von einem Beckenrand zum anderen. Dieses Spiel läßt sich auch als Wettkampf durchführen *(Abb. 10)*.

1.22 Ringtransport

Zwei Mannschaften stellen sich oben am Beckenrand in einer Reihe hintereinander auf. Auf „Los!" springt jeweils der erste ins Wasser und bringt einen Ring zum gegenüberliegenden Beckenrand. Sobald er zurückgekehrt ist, springt der zweite Mitspieler ins Wasser und holt den Ring zurück. Sieger ist die Mannschaft, die als erste den Ringtransport bewältigt hat.

1.23 Flossenwettlauf

Zwei Mannschaften werden gebildet. Sie stellen sich hintereinander auf. Die ersten beiden legen sich auf das Wasser und halten sich an einem Schwimmbrett fest. Um die Wette müssen sie zu einem Ziel paddeln. Wer zuerst ankommt, ist Sieger.

1.24 Wettwanderball

Es werden zwei Mannschaften gebildet. Jede Mannschaft erhält fünf bis sechs Bälle, die vor dem ersten Spieler in einem Reifen liegen. Auf „Los!" müssen die Bälle durch die gegrätschten Beine nach hinten gegeben werden. Der Kopf wird dabei mit ins Wasser genommen. Gewonnen hat die Mannschaft, die zuerst alle Bälle hinter sich liegen hat *(Abb. 11)*.

Abb. 10

1.25 Fangen auf der Leine („Tarzan-Fangen")

Eine Leine wird genau in der Mitte über das Becken gehalten. Der Fänger hält sich an der Leine fest und darf hin- und herlaufen. Die übrigen Kinder pendeln von Beckenrand zu Beckenrand und müssen aufpassen, daß sie vom Fänger nicht erwischt werden. Wer gefangen wird, ist der nächste Fänger.

1.26 Schwammschlacht

Jedes Kind bekommt einen Schwamm. Jetzt beginnt die große Schwammschlacht. Man kann die Regeln selber festlegen. Entweder: „Jeder gegen jeden" oder „Mannschaft gegen Mannschaft" oder „Kinder gegen Spielleiter".

1.27 Fliegender Fisch

Zwei Reihen von Kindern stehen sich einander gegenüber. Die jeweils Gegenüberstehenden halten sich an den Händen fest. Ein Kind ist nun der „Fisch". Es hechtet auf die gestreckten Arme seiner Mitspieler. Durch das Auf- und Abschwenken der Arme fliegt der „Fisch" bis an das andere Ende der Gasse. Hier steht der Spielleiter und nimmt ihn in Empfang. Für die stehenden Kinder ist der Spielreiz größer, wenn sie den „Fisch" mit dem Ruf: „Fisch, Fisch überm Tisch!" hochwerfen dürfen.

Abb. 11

1.28 Teddybär

„Teddybär, Teddybär dreh dich um.
Teddybär, Teddybär mach dich krumm.
Teddybär, Teddybär zeig einen Fuß.
Teddybär, Teddybär bestell einen Gruß.
Teddybär, Teddybär mach dich klein.
Teddybär, Teddybär du bist nicht allein.
Teddybär, Teddybär spring nun munter
zehnmal rauf und runter
1 – 2 – 3 – 4 – 5 – 6 – 7 – 8 – 9 – 10."

Die Kinder stehen in Kreisstellung ohne Handfassung. Sie sprechen die Zeilen und führen die entsprechenden Bewegungen dazu aus. Beim letzten Hüpfer tauchen sie unter.

1.29 „Machet auf das Tor"

„Machet auf das Tor, machet auf das Tor,
es kommt ein gold'ner Wagen.
Was will er, will er denn,
was will er, will er denn,
er will Charlotte holen.
Die erste will er nicht,
die zweite will er nicht,
die dritte will er holen, nach Polen."

Zwei Kinder bilden ein Tor, indem sie sich an den Händen anfassen. Die Höhe des Tores kann variiert werden, so daß die Kinder auch einmal durch das Tor tauchen müssen. Wenn es heißt: „Die dritte will er holen, nach Polen", schließt sich das Tor um ein Kind. Dieses wird sofort zwei- bis dreimal gerüttelt und geschüttelt und ins Wasser geworfen. Es ist dann frei und darf erneut mitspielen.

1.30 „Wir schließen das Tor"

Wir schließen das Tor,
wir öffnen das Tor,
die NN. und der NN. treten hervor.

„Heißa durch die lange Reihe,
alle andern müssen stehn.
Heißa durch die lange Reihe,
nun auf Wiedersehn."

Die Kinder stehen sich in zwei Reihen mit Handfassung gegenüber. Sie singen oder sprechen das Lied. Wenn es „schließen" heißt, gehen sie aufeinander zu, bei „öffnen" bilden sie wieder eine Gasse. Das erste Kind jeder Reihe tritt nun hervor. Beide Partner fassen sich an und hüpfen durch die Gasse.

Die stehenden Kinder klatschen bei der zweiten Strophe. Die zwei hüpfenden Kinder verabschieden sich, indem sie untertauchen.

1.31 Karussell

Die Kinder stehen im Kreis mit Handfassung. Jedes zweite Kind legt sich so auf das Wasser, daß die Füße in die Mitte zeigen. Indem die stehenden Kinder laufen (rechts- oder linksherum), dreht sich das „Karussell".

1.32 Abwerfen mit dem Ball

Das Becken wird in zwei Spielhälften geteilt. Jede Mannschaft bekommt ein Feld. Der Spielleiter wirft einen Ball ins Becken. Die Kinder müssen nun versuchen, sich gegenseitig abzuwerfen. Man darf den Ball auffangen, ihm ausweichen oder unter Wasser tauchen. Die getroffenen Kinder müssen ausscheiden. Sieger ist die Mannschaft, die zuerst alle Gegenspieler abgeworfen hat.

Abb. 12

1.33 Anglerball

Die Kinder teilen sich in zwei Gruppen auf. Eine Gruppe (A) bildet einen Kreis, die andere (B) steht in diesem. A sind die „Angler" und B sind die „Fische". Die „Angler" versuchen, die „Fische" abzuwerfen. Diese können ausweichen und untertauchen. Sieger ist das Kind, das als letztes übrigbleibt. Die getroffenen Kinder stellen sich mit in den Außenkreis und helfen beim Abwerfen.

1.34 Zweierwettlauf

Die Kinder nehmen Aufstellung am Beckenrand, immer zu zweit hintereinander. Auf ein Startzeichen muß immer der hintere sich vor den vorderen Partner schieben. Sieger ist das Paar, das zuerst am gegenüberliegenden Beckenrand angelangt ist.

1.35 Abschlagen auf Zeit

Der Übungsleiter hält eine Stoppuhr in der Hand, und auf „Los" beginnt ein Fänger seine Mitspieler abzuschlagen. Seine Treffer muß er mitzählen, bis die vereinbarte Zeit herum ist. Jetzt wird ein anderer Mitspieler zum Fänger. Nach mehreren Durchgängen kann ein Sieger ermittelt werden.

1.36 Tauchsteinwettlauf

Es spielen jeweils zwei Kinder gegeneinander. Auf einer vorher bestimmten Strecke liegen drei bis fünf Tauchsteine auf dem Beckenboden. Bei „Los!" starten die beiden Kontrahenten und sammeln die Tauchsteine einzeln ein. Jeder Tauchstein muß erst bis zum Beckenrand gebracht werden, bevor der nächste geholt wird. Wer zuerst seine Steine auf dem Beckenrand liegen hat, ist der Sieger.

Bei einem Mannschaftswettlauf kann der erste Mitspieler die Tauchsteine einsammeln, während der zweite sie auf gleiche Weise zu den markierten Stellen bringt und sie dort ablegt. Der dritte sammelt sie wieder ein usw.

1.37 Die „Zauberkappe"

Ein Kind behält seine Badekappe auf dem Kopf, während die anderen sie für dieses Spiel zur Seite legen. Das Kind mit der „Zauberkappe" wird jetzt von seinen Mitspielern gejagt, weil ja jeder gern die „Zauberkappe" haben möchte. Einen Vorteil hat der Gejagte: Nur er darf als einziger das Becken verlassen. Wer die Kappe erwischt, ist erneut der Gejagte.

1.38 Der „Zauberer"

In der Mitte des Beckens steht der „Zauberer". Er hat einen „Zauberstab" in der Hand. Seine Mitspieler haben sich aufgeteilt und stehen in den vier Ecken des Beckens.

Abb. 13

Abb. 14

Der „Zauberer“ zeigt mit seinem Stab in eine der Ecken. Die dort befindlichen Kinder sind nun „verzaubert“ und müssen alles das nachahmen, was der Zauberer ihnen vormacht, z. B. auf einem Bein hüpfen, hochspringen und dabei in die Hände klatschen, tauchen usw. So kommen die „Zauberlehrlinge“ immer näher an den „Zauberer“ heran. Sobald dieser seinen Stab fallen läßt, darf einer der „Lehrlinge“ ihn zu fangen versuchen. Gelingt ihm dies, so hat er einen Helfer, der mit ihm zusammen die anderen Kinder verzaubert.

1.39 Wäschedieb

Ein Seil wird als Wäscheleine über das Becken gespannt. Hieran hängen viele Taschentücher (Tücher nur über die Leine legen). Die Kinder versuchen, so viele Tücher wie möglich hinunterzuziehen, indem sie an die Leine springen. Wer die meisten Taschentücher „stiehlt“, ist Sieger. Danach wird die Leine wieder hinuntergelassen, die Tücher werden wieder aufgehängt, und das Spiel kann erneut beginnen *(Abb. 12)*.

1.40 Waschtag

Wieder wird eine Leine quer über das Becken gespannt. In zwei Körben liegen gleich viele Taschentücher. Die Kinder teilen sich in zwei Gruppen und beginnen, die Wäsche aufzuhängen. Es darf nur ein Wäscheteil aus dem Korb genommen werden. Die Gruppe, die zuerst ihren Korb geleert hat, ist Sieger.

1.41 Die rettende Insel

Im Becken befinden sich an verschiedenen Stellen zwei Schwimmreifen. Ein Kind wird zum Fänger ernannt. Die Verfolgten können sich vor diesem schützen, indem sie in einen Reifen tauchen. Der Fänger sucht sich dann ein anderes „Opfer“. Auf der rettenden Insel darf sich aber niemand lange aufhalten *(Abb. 13)*.

1.42 Die Wasserpolizei

Der „Wasserpolizist“ befindet sich in der Mitte des Beckens. Die übrigen Kinder verteilen sich in den Ecken. Durch Handzeichen gibt der „Polizist“ den Kindern zu verstehen, wer die Ecken wechseln darf; auch die Bewegungsart schreibt er vor.

1.43 „Paß auf!“

In einer Schüssel liegen viele Kieselsäckchen. Die Schüssel darf dabei aber nicht untergehen. Ein Kind zieht nun diese Schüssel hinter sich her. Die anderen versuchen, aus der Schüssel die Säckchen herauszunehmen. Wer die meisten entnommen hat, ist Sieger *(Abb. 14)*.

2

Spielerischer Umgang mit Dingen und allem, was sonst noch Freude macht

Abb. 15 bis 18

Abb. 19 u. 20 Abb. 21 u. 22

Die folgenden Übungen dienen dazu, die subjektive Wasserunsicherheit bei den Kindern durch Spielen abzubauen.

Sie beinhalten weder Atem- noch Sprung-, Tauch- oder Gleitübungen und lassen sich zu Beginn einer Übungsstunde und auch während dieser – zur willkommenen Auflockerung – einsetzen.

2.1 Übungsgerät: Ball

Verwendbar sind Bälle von verschiedener Art, Form und Größe, z. B. Wasserbälle, Gummibälle, Plastikbälle, Tennisbälle, Luftballons, halbierte Bälle, kaputte Bälle.

Alle Bälle liegen auf dem Wasser.

1. Die Kinder versuchen, beim Gehen durch das Wasser
- möglichst viele Bälle wegzuschieben:

  Mit beiden Händen *(Abb. 15),*
  mit einer Hand *(Abb. 16),*
  mit dem Bauch *(Abb. 17),*
  mit der Nase (die Hände liegen dabei auf dem Rücken, *Abb. 18),*
- mit keinem Ball in Berührung zu kommen.

2. Die Bälle werden sortiert
- nach Größe,
- nach Farbe.

3. Die Bälle werden wahllos eingesammelt. Der Übungsleiter wirft verschiedenartige Bälle ins Wasser. Die Kinder sammeln sie ein und bringen sie zu einer Wanne (oder Schüssel), die in der Mitte des Lehrbeckens schwimmt. Sobald die Wanne mit Bällen gefüllt ist, wird sie geleert.

4. Jedes Kind bekommt einen Ball. Dieser wird hochgeworfen, hochgestoßen
- mit den Händen *(Abb. 19),*
- mit den Ellenbogen *(Abb. 20),*
- mit den Knien *(Abb. 21),*
- mit den Füßen *(Abb. 22).*

5. Die Kinder pressen den Ball unter Wasser und lassen ihn plötzlich los, damit er hochschnellt *(Abb. 23).*

6. Sie füllen einen eingeschlitzten Gummiball mit Wasser und drücken ihn wieder aus
- unter Wasser *(Abb. 24),*
- knapp unter der Wasseroberfläche („Springbrunnen“, *Abb. 25),*

Abb. 27

Abb. 28 u. 29

Abb. 23

– über Wasser; dabei soll das Wasser hoch herausspritzen *(Abb. 26)*.

2.2 Übungsgerät: Becher und Schüssel, Tennisball

1. Jedes Kind bekommt einen Becher und
- schöpft mit ihm Wasser über den Beckenrand: „Versucht, das Becken leer zu schöpfen!",
- füllt mit ihm Wasser in eine Schüssel, bis diese untergeht *(Abb. 27)*,
- gießt mit ihm Wasser über die freie Hand, über das Knie und über den Fuß.

2. Die Kinder bekommen zum Becher einen Tischtennisball, den sie
- in den Becher legen, ihn hochwerfen und wieder auffangen (Fangbecher),
- unter dem Becher verstecken und durch das Wasser führen,
- auf das Wasser legen und mit dem Becher von unten her aufzunehmen versuchen.

Abb. 30

Abb. 24 bis 26

2.3 Übungsgerät: Schwamm

1. Die Kinder drücken einen mit Wasser vollgesaugten Schwamm aus
- mit beiden Händen,
- mit einer Hand,
- über den freien Arm,
- über den Kopf *(Abb. 28)*.

2. Sie waschen sich mit dem Schwamm, sie waschen ihren Partner ab *(Abb. 29)*.

2.4 Übungsgerät: Kieselsäckchen

1. Die Kinder tragen ein Kieselsäckchen im Wasser herum
- in den Händen,
- auf dem Kopf *(Abb. 30)*,
- auf der Schulter,
- auf dem Fuß *(Abb. 31)*.

2. Jedes Kind legt sein Säckchen auf den Kopf, bildet mit seinen Händen eine Schüssel, nickt mit dem Kopf, so daß das Säckchen in diese „Schüssel" fällt *(Abb. 30)*.

Abb. 31

Abb. 32

Abb. 33

3. Die Kinder ergreifen ihr Kieselsäckchen mit den Zehen, heben das Bein an und lassen das Säckchen wieder fallen *(Abb. 32).*

4. Das auf dem Beckenboden liegende Kieselsäckchen wird mit den Zehen vorwärts geschoben.

5. Jedes Kind wirft sein Kieselsäckchen in eine schwimmende Schüssel, bis diese langsam untergeht *(Abb. 33).*

2.5 Übungsgerät: Bettlaken

1. Alle Kinder suchen sich einen Platz an einem Bettlaken, das an der Wasseroberfläche ausgebreitet liegt.

Sie ergreifen das Laken und heben und senken es; sie „decken das Wasser zu".

2. Durch Ziehen spannen die Kinder das Laken straff. Ein Kind legt oder setzt sich auf das Laken, die anderen bewegen sich im Kreis links- und rechtsherum *(Abb. 34).*

3. Einige Kinder halten das Laken hoch, die anderen laufen darunter hin und her. Dabei kann das Tuch doppelt oder vierfach gelegt oder auch ganz ausgebreitet werden, um die Laufstrecke zu verkürzen bzw. zu verlängern.

4. „Regen"

Einige Kinder halten das mit Wasser gefüllte Laken hoch, die anderen laufen darunter hin und her, und das Wasser ergießt sich über sie *(Abb. 35).*

5. Tauziehen

Das Bettlaken wird zu einem Tau zusammengerollt. Die Kinder werden in zwei gleich starke Gruppen aufgeteilt. Jede bekommt ein Tauende zugewiesen und versucht, die Kinder der gegnerischen Gruppe zu sich herüberzuziehen *(Abb. 36).*

Dieser Kräftevergleich kann auch zwischen nur zwei Kindern ausgetragen werden.

6. Auf das auf der Wasseroberfläche des Lehrbeckens ausgebreitete Laken werden so viele Spielteile (Ringe, Kieselsäckchen, Bälle, Plastikpuppen und -formen usw.) geworfen, bis es auf den Beckenboden absinkt.

Abb. 35

Abb. 36

Abb. 34

2.6 Übungsgerät: Kleider

Sind die Kinder einigermaßen an das Wasser gewöhnt, kann man als Erschwerung das Kleiderschwimmen mit einbeziehen. Dazu bringen die Kinder einen Schlafanzug mit in das Hallenbad. Sämtliche Übungsbeispiele werden nun mit den Kleidern durchgeführt. Die Kinder spüren sofort, daß dieses anstrengender ist. Andererseits ist es auch eine lustige Abwechslung.

Besondere Übungen mit Kleidern sind:
- An- und Ausziehen im Wasser,
- Schlafanzug auf den Beckenrand werfen.

Wir haben Schlafanzüge als Schwimmkleider gewählt, da es für Vorschulkinder noch keine speziellen Anzüge gibt.

Unsere Absicht ist es auch, Kinder auf wirkliche Gefahren vorzubereiten; denn man liest immer wieder in Zeitungen von Ertrinkungsunfällen, bei denen Kinder mit Kleidern ins Wasser gefallen sind.

3

Tauchübungen

3.1 Ohne Gerät
3.2 Übungsgerät: Ball
3.3 Übungsgerät: Becher
3.4 Übungsgerät: Plastikschüssel
3.5 Übungsgerät: Leiter
3.6 Übungsgerät: Plastikflasche
3.7 Übungsgerät: Leine
3.8 Übungsgerät: Schwimmbrett
3.9 Übungsgerät: Bettlaken
3.10 Übungsgerät: Kieselsäckchen
3.11 Übungsgerät: Reifen
3.12 Übungsgerät: Tennisring
3.13 Übungsgerät: Stab

Abb. 37 bis 40

Abb. 41 u. 42

3.1 Ohne Gerät

1. Die Kinder schöpfen mit den Händen Wasser und gießen es über den Kopf und ins Gesicht.

2. Sie berühren auf die Zurufe „Kopf tipp!“ *(Abb. 37)*, „Bauch tipp!“ *(Abb. 38)*, „Knie tipp!“ *(Abb. 39)*, „Fuß tipp!“ *(Abb. 40)* die jeweils genannten Körperteile mit den Händen.

3. Sie ahmen Bewegungen nach „Holzhacken“, „Glokkenläuten“.

4. Sie setzen sich auf den Boden *(Abb. 41)*. Sie legen sich auf den Beckenboden *(Abb. 42)*.

5. Partnerübung: Ein Kind hält den ausgestreckten Arm an der Wasseroberfläche. Sein Partner taucht darunter hinweg *(Abb. 43)*.

6. Partnerübung: Zwei Kinder stehen einander gegenüber und halten sich an den Händen. Abwechselnd gehen sie in die tiefe Hocke *(Abb. 44)*.

7. Partnerübung: Fingerzählen: Zwei Kinder stehen sich gegenüber. Eines taucht in die tiefe Hocke. Sein Partner spreizt unter Wasser vor seinem Gesicht eine beliebige Zahl seiner Finger ab. Diese Zahl muß der Übende nach dem Auftauchen angeben *(Abb. 45)*.

8. Partnerübung: Wie 6.; die beiden Kinder versuchen, die Nasenspitzen gegeneinanderzudrücken *(Abb. 46)*.

9. Partnerübung: Ein Kind grätscht die Beine, sein Partner taucht hindurch *(Abb. 47)*.

10. Dreiergruppe: Zwei Kinder stehen sich gegenüber und halten sich an den Händen. Das dritte Kind geht

Abb. 43

Abb. 44

Abb. 45

Abb. 46

Abb. 47

Abb. 48

unter der „Brücke“ durch. Zur Erschwerung der Übung werden die Hände von Mal zu Mal tiefer gehalten *(Abb. 48)*.

11. Die Kinder vollführen die Rolle vorwärts, später auch mehrere Rollen nacheinander.

12. Die Kinder üben den Handstand im brusttiefen Wasser *(Abb. 49)*.

3.2 Übungsgerät: Ball

1. Die Kinder schieben einen Ball mit dem Kopf über die Wasserfläche.

2. Sie drücken einen Ball durch die gegrätschten Beine und schauen ihm dabei nach.

3. Sie führen einen Ball um den Körper herum und gehen dabei immer tiefer in die Kniebeuge.

4. „Kopfball“: Ein Ball schwimmt an der Wasseroberfläche. Der Übende taucht unter den Ball und stößt ihn mit dem Kopf hoch *(Abb. 50)*.

3.3 Übungsgerät: Becher

1. Jedes Kind stellt eine Blume dar, die begossen werden muß; es gießt sich einen mit Wasser gefüllten Becher über den Kopf.

2. Es füllt den Becher mit Wasser, läßt ihn auf den Grund absinken und holt ihn wieder an die Oberfläche *(Abb. 51)*.

3. Die Kinder füllen ihre Becher mit Wasser und legen zusätzlich ein Kieselsäckchen hinein, stellen die Becher

Abb. 49

Abb. 50

Abb. 51

Abb. 52

Abb. 53

auf dem Beckenboden in Kreisform oder in Linie hintereinander auf und versuchen dann, möglichst viele Säckchen heraufzuholen.

3.4 Übungsgerät: Plastikschüssel

1. Die Kinder schieben eine an der Wasseroberfläche schwimmende Plastikschüssel mit dem Kopf von einer Beckenseite zur gegenüberliegenden. Das Gesicht liegt dabei im Wasser.

2. Die Kinder gießen sich die mit Wasser gefüllte Schüssel über den Kopf. Sie gießen sie über die Köpfe ihrer Mitspieler.

3. Sie schöpfen die Schüssel mit den Händen voll Wasser, bis diese auf den Grund absinkt, und holen sie wieder hoch.

4. Sie stülpen sich die leere Schüssel über den Kopf und tauchen unter, so daß die Schüssel auf der Oberfläche schwimmt.

5. Sie legen die Schüssel mit dem Boden nach oben auf die Wasserfläche, tauchen unter sie und setzen sie wie einen Hut auf ihren Kopf.

6. „Die laufende Schüssel“: Wie 5., die Kinder führen die Schüssel von unten her im Kreis herum oder vor und zurück über die Wasseroberfläche.

7. Ein Kind stellt einen Fuß in die auf dem Beckenboden stehende Schüssel. Seine Mitspieler versuchen, ihm die Schüssel fortzunehmen *(Abb. 52)*.

3.5 Übungsgerät: Leiter

1. Die Leiter wird waagerecht auf das Wasser gelegt. Die Kinder tauchen zwischen jeder Sprosse auf *(Abb. 53)*. Später untertauchen sie zwei, drei oder mehr Sprossen zugleich.

2. Sie legen sich auf den Rücken und hangeln unter der Leiter von Sprosse zu Sprosse.

3. Die Leiter wird senkrecht auf die Seite gestellt. Im Slalom tauchen die Kinder zwischen den Sprossen hindurch *(Abb. 54)*.

3.6 Übungsgerät: Plastikflasche

1. Die Kinder füllen die Flaschen mit Wasser, lassen sie auf den Beckenboden absinken und tauchen sie wieder hinauf.

Abb. 54

Abb. 55

Abb. 56

Abb. 57

2. Die mit Wasser gefüllten Flaschen werden in vorgegebenen Formen, z. B. in Kreisform, auf den Beckenboden gelegt *(Abb. 55)*.

3. Die Flaschen werden in beliebiger Form auf dem Beckenboden ausgelegt. Die Kinder suchen sich je eine aus und setzen sich auf diese *(Abb. 56)*.

3.7 Übungsgerät: Leine

1. Eine Leine wird als Hindernis über das Becken gespannt; sie liegt auf der Wasseroberfläche.

Die Kinder spazieren durch das Lehrbecken von Beckenrand zu Beckenrand und tauchen dabei unter der Leine hindurch *(Abb. 57)*.

2. Die Leine wird als „veränderliches Fenster“ eingesetzt. Die Kinder tauchen immer wieder durch das „Fenster“.

3.8 Übungsgerät: Schwimmbrett

1. Ein Schwimmbrett liegt auf dem Wasser. Die Kinder tauchen darunter her.

2. Ein Schwimmbrett-„Turm“ wird aufgeschichtet. Die Kinder tauchen unter ihm her *(Abb. 58)*.

Abb. 59

Abb. 58

3. Die Kinder führen ein Schwimmbrett an der Wasseroberfläche; sie gehen dabei in die tiefe Hocke, so daß der Kopf unter Wasser ist.

4. Das Schwimmbrett liegt an der Wasseroberfläche. Die Kinder untertauchen es und stoßen es mit dem Kopf hoch.

3.9 Übungsgerät: Bettlaken

1. Zwei Kinder halten ein Bettlaken an der Wasseroberfläche. Die anderen tauchen darunter hinweg.

Durch Ausbreiten des Lakens kann der Tauchweg verlängert werden.

2. Wir bauen ein „Zelt“: Die Kinder tauchen unter das auf der Wasserfläche liegende Bettlaken und stellen sich auf. Ein „Zelt“ entsteht *(Abb. 59)*.

3. Das Bettlaken wird auf dem Beckenboden ausgebreitet; seine Ecken werden durch Tauchsteine beschwert.

Auf dem Tuch ausgelegte Tauchgegenstände werden von den Kindern heraufgeholt *(Abb. 60)*.

4. „Wasserbett“: Die Kinder legen sich auf das auf dem Boden ausgebreitete Bettlaken.

Abb. 60

Abb. 61

Abb. 62

Abb. 63

3.10 Übungsgerät: Kieselsäckchen

1. Die Kinder legen sich ein Kieselsäckchen auf den Kopf und tauchen unter *(Abb. 61)*: „Versucht euch auf den Boden zu setzen, ohne das Säckchen zu verlieren!“

2. Die Kinder bekommen die Aufgabe, das Säckchen mal auf den rechten, mal auf den linken Fuß oder auch hinter die Füße auf den Beckenboden zu legen.

3. Die Kinder setzen und legen sich auf das Säckchen.

4. Sie lassen das Säckchen fallen und tauchen es hinauf *(Abb. 62)*.

5. Sie holen mehrere Säckchen in einem Tauchgang herauf.

6. Die Kinder legen mehrere Säckchen in einem Tauchgang an markierten Stellen auf dem Beckenboden ab.

7. Sie werfen ihre Säckchen in einen schwimmenden Reifen und tauchen sie anschließend wieder hinauf *(Abb. 63;* „Vorsicht beim Werfen!“).

3.11 Übungsgerät: Reifen

1. Die Kinder steigen durch einen senkrecht auf dem Beckenboden stehenden Reifen; später durch mehrere *(Abb. 64)*.

2. Sie steigen in einen flach auf dem Wasser liegenden Reifen hinein und tauchen wieder aus ihm hinaus *(Abb. 65)*.

3. Sie tauchen von unten her in den schwimmenden Reifen hinein. „Wie viele Köpfe passen in einen Reifen?“

4. Mehrere Kinder stellen sich in einer Reihe auf und halten aufgestellte Reifen zwischen sich. Ihre Mitspieler müssen durch diese Reifensperre hindurchtauchen, um an die andere Beckenseite zu gelangen.

5. Vier bis sechs Kinder stehen um einen an der Ober-

Abb. 64

Abb. 65

Abb. 66

Abb. 67

Abb. 68

fläche schwimmenden Reifen und halten diesen zwischen sich. Auf „1 – 2 – 3“ tauchen die Kinder mit dem Reifen nach unten und stellen sich auf ihn. Nochmals zählen sie bis 3 und holen den Reifen wieder hoch *(Abb. 66).*

6. Mehrere Reifen werden waagerecht an der Oberfläche gehalten. Die Kinder tauchen von einem zum anderen Reifen.

3.12 Übungsgerät: Tennisring (Vollgummi)

1. Mehrere Gummiringe werden ins Lehrbecken geworfen. Die Kinder tauchen sie hinauf.

2. Partnerübung: A steht auf einem Bein im Lehrbecken. B versucht, einen Tauchring auf den Fuß seines Partners zu hängen *(Abb. 67).*

3. Beide Partner halten je einen Ring in den Händen. Gemeinsam tauchen sie und schauen sich durch die Ringe an.

3.13 Übungsgerät: Stab

1. Zwei Kinder halten einen Holzstab, ein drittes Kind führt an diesem eine Rolle vorwärts aus *(Abb. 68).*

2. Ein Kind hält einen Stab senkrecht auf dem Beckenboden, sein Partner taucht am Stab hinunter *(Abb. 69).*

3. Ein Stab wird von zwei Kindern waagerecht an der Wasseroberfläche gehalten, das dritte Kind faßt den Stab mit einer Hand und taucht darunter her. Die Hand wird gewechselt *(Abb. 70).*

4. Gruppenübung: Vier bis sechs Kinder stehen nebeneinander im Lehrbecken. Jedes von ihnen drückt einen Holzstab vor sich auf den Beckenboden.

Die anderen Kinder tauchen die „Gasse“ entlang *(Abb. 71).*

Abb. 69

Abb. 70

Abb. 71

4

Atemübungen

4.1 Ohne Gerät
4.2 Übungsgerät: Plastikschüssel
4.3 Übungsgerät: Reifen
4.4 Übungsgerät: Strohhalm

Abb. 72

Abb. 73

4.1 Ohne Gerät

Die Kinder stehen verteilt im Lehrbecken:

1. Sie pusten ein Loch ins Wasser.
2. Sie atmen durch die Hände aus.
3. Sie beugen sich so weit vor, daß der Mund ins Wasser eintaucht und blasen geräuschvoll ins Wasser *(Abb. 72)*.
4. Die Kinder stellen sich an den Beckenrand, halten sich an der Überlaufkante fest und atmen kräftig durch Mund und Nase ins Wasser aus *(Abb. 73)*.
5. Partnerübung: Zwei Kinder stehen sich im Lehrbecken gegenüber. Sie gehen in die tiefe Hocke und blasen sich dicke Luftblasen ins Gesicht *(Abb. 74)*.

Sie setzen sich auf den Beckenboden, atmen kräftig aus und schauen den aufsteigenden Luftblasen nach.

Die Kinder laufen durch das Becken:

Abb. 74

1. „Motorboot": Die Kinder laufen durch das schultertiefe Wasser, bringen ihre Unterarme und Hände so vor, als ob sie ein Lenkrad hielten und blasen kräftig in das Wasser aus.
2. Die Kinder gehen an der Beckenkante entlang und sichern ihre Bewegung mit einer Hand. Im Wechsel atmen sie ein, tauchen ihr Gesicht ein und atmen kräftig ins Wasser aus *(Abb. 75)*.

4.2 Übungsgerät: Plastikschüssel

1. Jedes Kind bekommt eine Plastikschüssel, deren Boden mit Wasser bedeckt ist. Es bläst so kräftig in die Schüssel, daß der Schüsselboden sichtbar wird.
2. Jeweils drei Kinder versuchen, eine Schüssel von einer Beckenseite zur gegenüberliegenden hinüberzupusten.

Abb. 75

Abb. 76

Abb. 77

3. Die Kinder werden in zwei Gruppen aufgeteilt, deren erste sich nebeneinander an einer Beckenseite aufstellt und die Plastikschüsseln so an der Wasserfläche hält, daß sie „Tore“ bilden.

Die Kinder der zweiten Gruppe stehen an der gegenüberliegenden Seite des Beckens und blasen ihre Tischtennisbälle in das „Tor“ ihres jeweiligen Partners.

4.3 Übungsgerät: Reifen

1. Drei oder vier Kinder stellen sich um einen an der Wasserfläche schwimmenden Holzreifen und halten sich an ihm fest. Sie beugen sich vor und blasen ein „Loch“ ins Wasser.

2. Ausgangsstellung wie unter 1.: Einige Tischtennisbälle werden in den Reifen geworfen, und alle Mitspieler versuchen nun, die Bälle hin- und herzublasen; dabei darf keiner der Bälle über den Reifen hinausgetrieben werden *(Abb. 76)*.

3. Die Reifen werden senkrecht gehalten, und die Kinder pusten ihre Tischtennisbälle durch die aufgestellten Tore *(Abb. 77)*.

4.4 Übungsgerät: Strohhalm

1. Die Kinder blasen durch einen Strohhalm ins Wasser.

2. Mehrere Kinder stellen sich zusammen und blasen auf eine Stelle, an der jetzt ein „Springbrunnen“ entsteht *(Abb. 78)*.

3. Die Kinder tauchen in Hockstellung unter, blasen kräftig durch den Strohhalm aus und schauen den hochsteigenden Luftblasen nach.

4. Partnerübung: Die Kinder stehen paarweise gegenüber, tauchen in Hockstellung unter und blasen sich gegenseitig Luft ins Gesicht.

Abb. 78

5

Sprungübungen

Abb. 79

Abb. 80

5.1 Vom Beckenrand ins brusttiefe Wasser Übungsgerät: Reifen

1. Der Reifen wird vom Leiter senkrecht gehalten. Die Kinder fassen oben am Rand an und springen ins Wasser, der Reifen senkt sich dabei *(Abb. 79).*

2. Die Kinder springen durch den schräggestellten Reifen.

3. Sie springen in einen Reifen hinein. Dieser wird immer weiter vom Beckenrand entfernt, so daß die Kinder weiter springen müssen.

4. Alle springen über den Reifen *(Abb. 80).*

5. Die Kinder vollführen einen Hechtsprung durch den Reifen *(Abb. 81).*

5.2 Von Beckenrand zu Beckenrand

1. Mit möglichst wenig Schritten sollen die Kinder von Beckenrand zu Beckenrand springen.

2. Mit möglichst vielen, aber hohen Sprüngen sollen nun alle von Beckenrand zu Beckenrand springen.

3. Alle vollführen Seitsprünge mit halben Drehungen.

Hilfsmittel: Kieselsäckchen.

4. Die Kieselsäckchen liegen mit gleichem Abstand hintereinander am Boden. Die Kinder springen über die Säckchen oder an der Säckchenreihe entlang.

- Mit verschiedenen Sprungarten.
- Säckchenreihe verändern (Kurven einbauen, Zickzacklinie usw.).

5. Die Kinder greifen das Säckchen mit den Zehen. Sie springen auf einem Bein von Beckenrand zu Beckenrand.

5.3 Springen auf der Stelle

1. Die Kinder springen mit beiden Füßen auf und ab, jedesmal etwas höher.

2. Die Kinder springen abwechselnd nur mit dem rechten oder linken Fuß auf und ab.

Abb. 83

Abb. 84

Abb. 81

Abb. 82

3. Beim Springen achten wir jetzt bewußt auf die Arme und Hände:
- Arme hochstrecken,
- Hände im Nacken halten,
- eine Hand oder beide Hände auf den Rücken legen.

4. Während des Auf- und Abspringens sollen die Kinder so oft wie möglich in die Hände klatschen *(Abb. 82).*

5. Während des Springens sollen sie nun die Beine grätschen *(Abb. 82).*

6. Beim Springen rechts- oder linksherum drehen.

7. Im Springen wird ein Ball oder Luftballon hochgeworfen und gefangen *(Abb. 82).*

8. Die Kinder legen sich ein Kieselsäckchen auf den Kopf und springen hoch; das hinuntergefallene Säckchen wird mit den Zehen wieder hochgeholt.

9. Ein Seil wird über das Becken gespannt. Die Kinder springen an das Seil und versuchen, es mit den Händen zu berühren.

5.4 Am Beckenrand

1. Die Kinder halten sich mit beiden Händen am Beckenrand fest und springen auf und ab *(Abb. 83).*

2. Sie halten sich nun abwechselnd mit der rechten und linken Hand am Rand fest und springen auf und ab *(Abb. 84).*

3. Vor- und rückwärts springen; die Kinder halten sich dabei mit der rechten oder linken Hand am Rand fest *(Abb. 85).*

4. Stützsprung: Die Kinder sollen sich am Rand festhalten, hochspringen, kurz auf die Arme stützen, sich abdrücken und wieder im Stand landen.

5.5 Vom Beckenrand ins brusttiefe Wasser

1. Die Kinder springen aus dem Sitz vom Beckenrand, Hilfeleistung durch den Übungsleiter *(Abb. 86).*

Abb. 85

Abb. 86

Abb. 87

Abb. 88

Abb. 89 u. 90

2. Sie springen aus der Hockstellung *(Abb. 86).*

3. Sie springen aus dem Stand, zuerst mit Hilfeleistung, dann mit wenig Hilfe und zuletzt ohne.

4. Weite Sprünge ins Becken können folgen, ebenso Gehbewegungen in der Flugphase *(Abb. 87).*

5. Die Kinder springen über den Arm des Übungsleiters *(Abb. 88).*

6. Die Kinder versuchen verschiedene Sprünge:
- Paketsprung *(Abb. 89),*
- Strecksprung,
- Grätschsprung,
- Drehung während des Springens *(Abb. 90),*
- Salto.

7. Sie springen rückwärts ins Becken. Vorsicht, Übende vom Rand wegziehen *(Abb. 91)!*

8. Während des Springens sollen die Kinder so oft wie möglich in die Hände klatschen.

9. Sie springen zusammen mit einem Partner ins Wasser *(Abb. 92).*

5.6 Springen mit dem Partner

1. Alle springen gemeinsam auf und ab (Handfassung).

2. Gemeinsam springen die Kinder rechts und links im Kreis herum, auch vor-, rück- und seitwärts.

3. Ein Kind steht mit hochgestrecktem Arm im Wasser, das andere versucht, im Sprung die Fingerspitzen des Partners zu berühren
- mit der Hand,
- mit der Stirn.

4. Das erste Kind läuft rückwärts, hält das zweite an den Händen, welches ihm springend nachkommt.

5. Zwei Kinder stehen hintereinander. Das eine legt seine Hände auf die Schultern des anderen und springt auf und ab. Beide springen gleichzeitig oder im Wechsel.

6. Zwei Kinder stehen hintereinander im Becken. Das hintere streckt ein Bein vor, der Vordermann hält es fest. In dieser Pose springen beide durch das Becken.

7. Ein Kind wirft einen Ball hoch, das andere springt ihm entgegen und fängt ihn *(Abb. 93).*

Abb. 91

Abb. 92

Abb. 93

Abb. 94

5.7 Springen mit der Gruppe (Kreisaufstellung)

1. Alle springen rechts oder links im Kreis herum.

2. Alle springen zur Mitte hin und zurück.

3. Hilfsmittel: Zauberschnur. Die Kinder ziehen die Zauberschnur im Springen auseinander. Vorsicht, die Zauberschnur nicht plötzlich loslassen! Langsam zurückspringen.

4. Hilfsmittel: Stab und Glöckchen. Die Kinder stehen im Kreis. Der Übungsleiter hält einen Stab, an dessen Ende ein Glöckchen angebracht ist, ausgestreckt über die Köpfe der Kinder. Langsam dreht sich der Übungsleiter. Die Kinder springen hoch und versuchen, das Glöckchen zum Klingen zu bringen *(Abb. 94)*.

5. Hilfsmittel: Reifen. Die Kinder halten sich mit beiden Händen an einem Reifen fest, zählen gemeinsam bis fünf und springen dabei auf und ab. Bei „fünf" reißen die Kinder den Reifen mit hoch.

6. Ein Reifen liegt in der Mitte auf dem Wasser (Reifen = Topf). Die Kinder springen um den Reifen im Kreis herum (Schulter zeigt zum Reifen). Sie sprechen dabei:
„Wir hüpfen um den Topf herum
und drehn uns um,
jetzt zählen wir: eins, zwei, drei
und hüpfen hin zum Brei!"

5.8 Übungsgerät: Seil

1. Die Kinder springen über ein von zwei Personen gehaltenes Seil, welches immer höher und weiter vom Beckenrand entfernt gehalten wird.

2. Sie springen an ein sehr hoch gehaltenes Seil *(Abb. 95)*.

5.9 Übungsgerät: Stab mit Glöckchen

1. Die Kinder springen an einen Stab mit Glöckchen und bringen das Glöckchen zum Klingeln *(Abb. 96)*.

2. Sie gebrauchen den Stab als Ziel: Die Kinder springen bis unter den hochgehaltenen Stab, danach heben sie die Arme und kontrollieren, ob sie das Ziel erreicht haben.

Abb. 95

Abb. 96

3. Die Kinder vollführen einen Hechtsprung unter den Stab durch.

5.10 Übungsgerät: Bettlaken

1. Die Kinder springen einzeln in ein gespanntes Tuch.

2. Über das doppelt oder vierfach gelegte Bettlaken springen alle ins Wasser. Höhe und Weite kann variiert werden.

5.11 Übungsgerät: Schwimmbrett

1. Die Kinder springen über das Schwimmbrett, dann über mehrere nebeneinandergelegte Schwimmbretter.

2. Sie springen über mehrere gestapelte Schwimmbretter.

3. Alle halten das Schwimmbrett in Händen und springen damit.

4. Sie springen auf ein Schwimmbrett.

5.12 Übungsgerät: Plastikschüssel

1. Die Kinder springen über eine Schüssel oder zwei Schüsseln ins Wasser.

2. Die Kinder bilden zwei Gruppen, die sich an zwei gegenüberliegenden Seiten aufstellen. Das erste Kind hält die Schüssel in der Hand, springt ins Wasser, bringt sie an die andere Seite und überreicht sie dem nächsten Kind.

3. Die Ecken des Beckens sind mit vier farbigen Schüsseln markiert. Das erste Kind springt mit der Schüssel ins Wasser und bringt sie in die entsprechende Ecke. Sobald alle Schüsseln verteilt sind, darf sich jeder eine neue Farbe aussuchen.

5.13 Übungsgerät: Wasserball

1. Die Kinder springen über einen Wasserball.

2. Die Kinder werfen einen Ball ins Wasser und springen hinterher.

3. Die Kinder halten einen Ball fest und springen damit ins Wasser.

6

Gleitübungen

Abb. 97

Abb. 98

6.1 Übungsgerät: Schwimmbrett

1. Die Kinder legen sich bäuchlings auf das Brett und lassen sich treiben *(Abb. 97)*.

2. Mit den Händen wird das Brett gehalten, die Unterarme liegen auf dem Brett *(Abb. 97)*. Die Kinder versuchen sich nun so fortzubewegen.

3. Das Brett wird weiter unten an den Seiten angefaßt.

4. Das Brett wird wie ein Kopfkissen gebraucht (Rückenlage, *Abb. 98)*.

5. Die Kinder liegen rücklings im Wasser. Mit den gestreckten Armen wird das Brett gehalten *(Abb. 98)*.

6. Die Kinder versuchen, ein Brett zwischen den Knien und ein zweites mit den Händen zu halten *(Abb. 99)*.

7. Die Beine halten das Schwimmbrett, die Arme werden vorgestreckt *(Abb. 99)*.

8. Ein Kind zieht oder schiebt seinen Partner, der sich am Schwimmbrett festhält *(Abb. 100)*.

6.2 Übungsgerät: Schwimmreifen

1. Alle Übungen am Schwimmbrett lassen sich auch auf den Schwimmreifen übertragen.

2. Bei zunehmender Sicherheit der Kinder kann der

Abb. 99

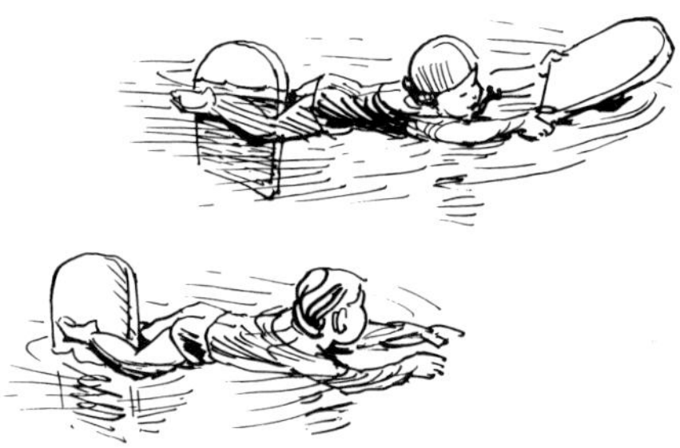

Abb. 100

Abb. 101

Abb. 102

Übungsleiter mehr und mehr die Luft aus dem Reifen ablassen.

3. Der Reifen kann als Kragen oder Halskrempe gebraucht werden (Rückenlage, *Abb. 101).*

4. Die Kinder halten sich erst mit beiden Händen, dann mit einer Hand am Reifen fest und gleiten *(Abb. 101).*

5. Beide Füße werden in den Reifen eingehängt, die Arme gestreckt. Ein Fuß wird in den Reifen eingehängt *(Abb. 101).*

6. „Stern": Drei Kinder halten sich mit den Händen an einem Schwimmreifen fest und bilden gleitend einen Stern *(Abb. 102).*

6.3 Übungsgerät: Stab

1. Zwei Kinder reichen sich einen Stab, das dritte Kind hält sich daran fest. Die Kinder ziehen das gleitende Kind vorwärts *(Abb. 103).*

2. Ein Kind hält sich am Stab fest, streckt die Beine, der Partner zieht das Kind am Stab durch das Becken (Rückwärtslauf).

3. Das ziehende Kind legt sich den Stab über eine Schulter, das andere erfaßt das Ende und wird gezogen (Bauch- und Rückenlage, *Abb. 104).*

4. Stab als Ziel: Ein Kind gleitet vom Rand zu einem

Abb. 103

Abb. 104

Abb. 105

Abb. 106

Abb. 107

Stab, der vom Partner gehalten wird. Die Gleitstrecke wird stets vergrößert *(Abb. 104)*.

5. Ein Kind gleitet unter dem gehaltenen Stab durch *(Abb. 105)*.

6. Die Kinder hechten über den Stab und gleiten aus *(Abb. 106)*.

7. Drehen um die Längenachse: Das gleitende, sich drehende Kind greift einmal mit der rechten, einmal mit der linken Hand an den Stab *(Abb. 107)*.

8. Die Kinder bilden eine Gasse und halten jeweils einen Stab waagerecht vor sich. Ein weiteres Kind zieht sich an den Stäben entlang durch die Gasse *(Abb. 108)*.

6.4 Übungsgerät: Bettlaken

1. Ein Bettlaken wird zum Tau gedreht. Drei Kinder halten sich am Tau fest und werden gezogen.

2. Die Kinder gleiten vom Rand aus bis auf das Tuch *(Abb. 109)*.

3. Die Kinder gleiten unter dem hochgehaltenen Tuch durch.

6.5 Übungsgerät: Kieselsäckchen

1. Am Beckenrand: Ein Kind hält sich mit einer Hand am

Abb. 108

Abb. 109

Abb. 110

Abb. 111

Abb. 112

Beckenrand fest und trägt das Säckchen auf dem Bauch *(Abb. 110)*.

2. Ein Kind trägt das Kieselsäckchen während des freien Gleitens auf dem Bauch oder auf dem Rücken *(Abb. 110)*.

6.6 Übungsgerät: Luftballon

1. Ein Kind umklammert den Ballon mit beiden Händen und gleitet *(Abb. 111)*.

2. Es hält den Ballon mit den gestreckten Armen fest *(Abb. 111)*.

3. Es hält in jeder Hand einen Luftballon und gleitet *(Abb. 111)*.

6.7 Übungsgerät: Reifen

1. Ein Kind legt sich auf den Reifen, der Partner zieht *(Abb. 112)*.

2. Ein Kind gleitet durch den senkrecht gestellten Reifen, der Beckenrand ist das Ziel *(Abb. 113)*.

3. Ein Kind stößt sich vom Rand ab und gleitet durch mehrere Reifen *(Abb. 114)*.

4. Reifen als Ziel: Das Kind gleitet in Rückenlage bis unter den Reifen und kommt im Reifen zum Stehen *(Abb. 115)*.

Abb. 113

Abb. 114

Abb. 115

Abb. 116

Abb. 117

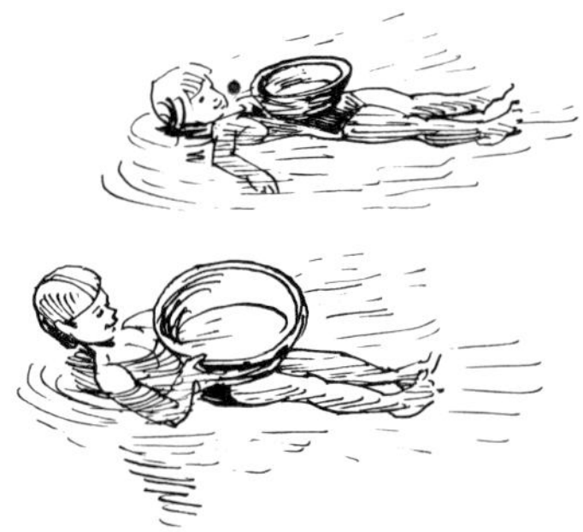

Abb. 118

6.8 Übungsgerät: Leine

1. Die Kinder gleiten durch ein „Fenster" *(Abb. 116).*

2. Zwei Kinder halten eine Leine gespannt. Ein Kind zieht sich mit den Armen an der Leine entlang durch das Becken (Bauchlage).

3. Leine als Hindernis: Die Kinder gleiten unter der Leine durch.

4. Zwei bis drei Kinder werden durch das Becken gezogen.

6.9 Übungsgerät: Plastikschüssel

1. Der Übungsleiter läßt die Schüsseln so auf dem Wasser schwimmen, daß sie „Tore" bilden. Die Kinder legen sich bäuchlings auf das Wasser und gleiten durch die Tore *(Abb. 117).*

2. Die Kinder suchen sich einen Platz im Becken. Jedes bekommt eine Schüssel, legt sich diese beim Gleiten (Rückenlage) auf den Bauch und hält sie fest *(Abb. 118).*

3. Die Kinder legen beim Gleiten die Arme an die Seite und versuchen, die Schüssel auf dem Bauch zu tragen. „Wer kann die Schüssel am längsten und am weitesten transportieren" *(Abb. 118)?*

6.10 Übungsgerät: Am Beckenrand

1. Die Kinder halten sich am Beckenrand fest, strampeln mit den Beinen und spritzen (Bauchlage und Rückenlage, *Abb. 119).*

2. Die Kinder halten sich am Beckenrand fest, Beine zur Seite gestreckt und ziehen sich mit den Händen am Rand entlang (Bauch- und Rückenlage, *Abb. 120).*

Abb. 119

Abb. 120

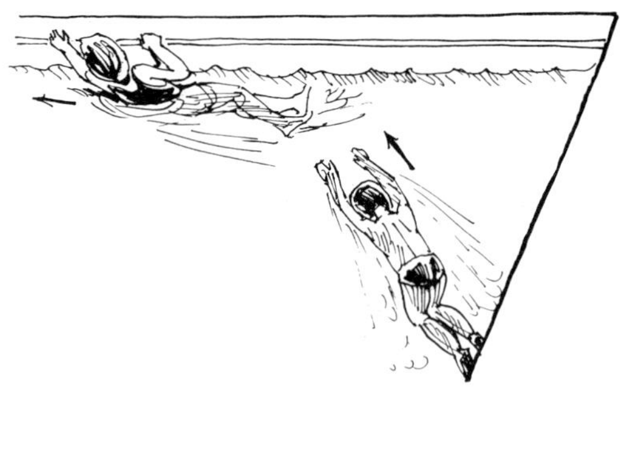

Abb. 121

Abb. 122

3. Mit der einen Hand hält sich das Kind an der Überlaufrinne fest. Mit der anderen Hand, Finger zeigen nach unten, stützt es sich tiefer an der Wand ab. Es soll versuchen, im Wasser mit gestrecktem Körper so lange wie möglich liegenzubleiben. Das Gesicht befindet sich dabei im Wasser.

4. Die Kinder halten ihre gestreckten Arme vor. Das Gesicht liegt im Wasser. Nun springen sie an den Beckenrand. Die Beine werden dabei nach hinten gestreckt. Die Gleitstrecke soll stets vergrößert werden *(Abb. 121)*.

5. Die Kinder stoßen sich mit vorgehaltenen Armen von der Wand einer Beckenecke ab und lassen sich zur gegenüberliegenden Wand treiben. Der Abstand kann jeweils vergrößert werden *(Abb. 120)*.

6. „Qualle": Die Kinder hocken ihre Beine an, das Gesicht liegt dabei im Wasser. Aus dieser Hocklage heraus strecken sie ihre Beine und gleiten bis zum Rand *(Abb. 122)*.

7. In Bauchlage sollen die Kinder sich vom Beckenrand abstoßen und rückwärts gleiten.

6.11 Mit Hilfe des Partners

1. Der Übungsleiter zieht die einzelnen Kinder an den gestreckten Armen durch das Wasser. Der Kopf liegt im Wasser *(Abb. 123)*.

2. „Boot abschleppen": Das gleitende Kind hält sich an den Schultern eines laufenden Kindes fest. Achtung: Nur an Schultern, nicht am Hals festhalten *(Abb. 124)!*

3. Ein Kind erfaßt seinen Partner unter den Achseln und geht dabei rückwärts (Rückenlage, *Abb. 125)*.

Abb. 123

Abb. 124

Abb. 125

Abb. 126

Abb. 127

4. „Schubkarrenspiel“: Ein Kind gleitet in Bauchlage. Der Partner erfaßt die Füße des Kindes und schiebt es durch das Becken *(Abb. 126)*.

5. Gleiten in der Rückenlage mit leichter Unterstützung am Hinterkopf durch den Partner *(Abb. 127)*.

6. Das Kind soll sich kräftig mit einem Fuß von der Beckenwand abstoßen und bis zu einem Partner gleiten, Gleitstrecke stets verlängern *(Abb. 128)*.

6.12 In der Dreiergruppe

1. Zwei Kinder fassen sich an beide Hände, das dritte Kind legt sich über die gestreckten Arme und wird durch das Becken getragen *(Abb. 129)*.

2. Zwei Kinder halten sich an einer Hand fest und ziehen das dritte Kind, das sich an den Unterarmen einhängt *(Abb. 130)*.

3. „Hobeln“: Ein Kind liegt in der Bauchlage (auf dem Rücken) und streckt seine Arme und Beine aus. Je ein Kind steht am Kopf und an den Füßen und zieht das gleitende Kind wie beim Hobeln hin und her *(Abb. 131)*.

4. Drei Kinder fassen sich rücklings an den Händen und legen sich auf das Wasser. Sie grätschen ihre Beine und bilden so einen „Stern“ *(Abb. 132)*.

5. „Baumstamm flößen“: Ein Kind liegt im Wasser und streckt die Arme vor. Die Partner drehen es. So liegt das Gesicht einmal im Wasser, dann wieder sieht das Kind zur Decke.

Abb. 128

Abb. 129

Abb. 130

Abb. 131

Abb. 132

7

Eine Übungsstunde mit Plastikschüsseln

7.1 Einleitende Spiele
7.2 Tauchübungen
7.3 Atemübungen
7.4 Sprungübungen
7.5 Gleitübungen
7.6 Schlußspiel

Abb. 133

Als Voraussetzung für diese Stunde müssen gleichgroße Plastikschüsseln in vier Farben beschafft werden.

7.1 Einleitende Spiele

1. Die Schüsseln schwimmen auf dem Wasser. Alle Kinder laufen kreuz und quer durch das Becken und versuchen, nicht mit den Schüsseln in Berührung zu kommen *(Abb. 133).*

2. Auf ein bestimmtes Zeichen (Klingeln, Klatschen usw.) stülpt sich jedes Kind eine Schüssel über den Kopf *(Abb. 134).*

Abb. 135

Abb. 134

3. Die Schüsseln liegen mit der offenen Seite auf dem Wasser. Alle Kinder versammeln sich an einem Beckenrand und wenden sich vom Wasser ab, so daß sie nicht sehen können, unter welcher Schüssel der Spielleiter einen Tischtennisball versteckt. Auf ein Signal hin dürfen die Kinder den Tischtennisball suchen. Wer ihn findet, darf ihn erneut verstecken.

7.2 Tauchübungen

1. Jedes Kind bekommt eine Schüssel. Die Schüssel mit dem Kopf von einer Beckenseite zur anderen schieben. Das Gesicht liegt dabei im Wasser *(Abb. 135).*

Abb. 136

Abb. 137

Abb. 138

2. Die volle Schüssel mit Wasser über den eigenen Kopf und dann über die Köpfe der anderen gießen *(Abb. 136)*.

3. Die Schüssel mit der hohlen Hand voll Wasser schöpfen, bis sie untergeht, um sie dann wieder heraufzuholen *(Abb. 137)*.

4. Die Schüssel auf den Kopf stülpen, untertauchen bis die Schüssel auf dem Wasser schwimmt *(Abb. 138)*.

7.3 Atemübungen

1. In der Schüssel befindet sich etwas Wasser. Die Kinder blasen jetzt ein „Loch" ins Wasser. Wer kann so kräftig blasen, daß der Schüsselboden frei wird?

2. Die eine Hälfte der Kinder steht nebeneinander an einer Beckenseite und hält ihre Schüssel so, daß diese „Tore" bilden. Die anderen Kinder stehen an der gegenüberliegenden Seite und blasen je einen Tischtennisball in das Tor *(Abb. 139)*.

3. Jeweils drei Kinder versuchen, eine Schüssel von einer Seite zur anderen zu blasen *(Abb. 139)*.

7.4 Sprungübungen

1. Die Kinder springen über eine Schüssel oder zwei Schüsseln vom Beckenrand ins Wasser *(Abb. 140)*.

Abb. 139

Abb. 140

Abb. 141

Abb. 143

Abb. 142

Abb. 144

2. Die Kinder bilden zwei Gruppen, die sich an zwei gegenüberliegenden Seiten aufstellen. Das erste Kind hält die Schüssel in der Hand, springt ins Wasser, bringt sie zur anderen Seite und überreicht sie hier dem nächsten Kind *(Abb. 141).*

3. Die Ecken des Beckens sind mit den vier Farben der Schüsseln markiert. Das erste Kind springt mit der Schüssel ins Wasser und bringt sie in die entsprechende Ecke. Sobald alle Schüsseln verteilt sind, darf sich jeder eine neue Farbe aussuchen.

7.5 Gleitübungen

1. Der Übungsleiter legt die Schüssel so auf das Wasser, daß sie „Tore" bilden. Die Kinder legen sich bäuchlings auf das Wasser und gleiten durch die Tore *(Abb. 142).*

2. Die Kinder suchen sich einen Platz im Becken. Jedes bekommt eine Schüssel, legt sich diese beim Gleiten rücklings auf den Bauch und hält sie fest *(Abb. 143).*

3. Die Kinder legen beim Gleiten die Arme zur Seite und versuchen, die Schüssel auf dem Bauch zu tragen. „Wer kann die Schüssel am längsten und am weitesten transportieren"?

7.6 Schlußspiel

1. „Hutaufsetzen": Ein Kind wird zum Fänger bestimmt. Er setzt sich eine Schüssel als „Hut" auf den Kopf. Nun versucht er, ein anderes Kind zu fangen. Sobald er eines erwischt hat, muß sich dieses ebenfalls einen Hut aufsetzen und mitfangen. Sieger ist, wer bis zum Schluß keinen Hut auf dem Kopf hat *(Abb. 144).*

8

Spiele im Wasser für Eltern und Kind – Vorbereitungen auf das Erlernen des Schwimmens

Abb. 145

Abb. 146

Abb. 147

8.1 Erste Übungseinheit

Übungsgeräte für zehn Paare:

10 Tauchringe,
10 Schwämme,
1 Schüssel,
10 Tischtennisbälle,
10 Luftballons.

Erwärmung:

1. Eltern und Kind spazieren zusammen mit Griff am Tauchring durch das Becken, bei dem Ruf „Wechseln" nimmt das Kind die andere Hand an den Tauchring *(Abb. 145)*.

2. Eltern und Kind hüpfen gemeinsam durch das ganze Becken.

3. Wir bilden einen Kreis mit Handfassung und hüpfen in die Mitte, zurück, rechtsherum, linksherum *(Abb. 146)*.

4. Eltern und Kinder fassen sich an und bilden so eine Kette (Lokomotive). Die „Lokomotive" zieht durch einen Tunnel, dabei bildet ein Eltern-und-Kind-Paar mit Handfassung ein Tor *(Abb. 147)*.

5. Spiel: „Wir schließen das Tor" (s. Kapitel 1. Nr. 30).

Hauptteil

Tauchen

Eltern und Kind bekommen einen Schwamm.

1. Das Kind wäscht die von uns zugerufenen Körperteile der Eltern, dabei knien oder sitzen die Eltern im Wasser *(Abb. 148)*. Auch die Eltern können das Kind in verschiedenen Stellungen und Lagen waschen!

2. Gegenseitig drücken Eltern und Kind den Schwamm über dem Kopf aus.

3. Das Kind bringt den Schwamm zur Schüssel, die in der Mitte des Beckens schwimmt *(Abb. 149)*.

Abb. 148

Abb. 149

Abb. 150

Abb. 151

Abb. 152

Abb. 153

Atmen

1. Jedes Paar bekommt einen Tischtennisball. Eltern und Kind blasen sich den Ball zu *(Abb. 150).*

2. Die Eltern bilden mit dem Arm bzw. mit dem Bein ein Tor, das Kind bläst den Ball durch das Tor *(Abb. 151).* Das Kind bildet ein Tor, nun blasen die Eltern den Ball hindurch.

3. Eltern und Kind blasen den Ball über die Überlaufrinne oder in eine vom Übungsleiter schräggehaltene Schüssel. Auf diese Weise kann dieser sie gleich einsammeln *(Abb. 152).*

Springen

1. Spiel: „Wochenspaziergang" (s. Kapitel 1. Nr. 13).

2. Das Kind springt vom Rand in die Arme der Eltern. (Hilfeleistung zuerst mit beiden Händen, dann mit einer Hand und mit einem Finger, *Abb. 153).*

Gleiten

1. Zwei Paare halten einen Reifen. Die Kinder heben abwechselnd das rechte und das linke Bein, so daß mal der eine, dann der andere Fuß im Reifeninnern zu sehen ist.

2. Spiel: „Karussell". Die Kinder versuchen, sich rücklings auf das Wasser zu legen, so daß beide Füße gleichzeitig im Reifeninnern erscheinen. Diese Haltung wird von den Kindern beibehalten. Die Eltern drehen das „Karussell", indem sie mit dem Reifen im Kreis laufen *(Abb. 154).*

Schluß

1. Die Eltern haben einen Luftballon und blasen ihn unter Wasser auf.

2. Eltern und Kind spielen mit dem Luftballon und nehmen ihn mit nach Hause *(Abb. 155).*

Abb. 154

Abb. 155

Abb. 156

Abb. 157

8.2 Zweite Übungseinheit

Übungsgeräte für zehn Paare

20 Tennisbälle,
2 Schüsseln,
5 Reifen,
10 Schwimmbretter.

Erwärmung

1. Spiel: „Haltet die Seiten frei" (s. Kapitel 1. Nr. 20).
2. Spiel: „Teddybär, dreh dich um" (s. Kapitel 1. Nr. 28).
3. Spiel: „Wir schließen das Tor" (s. Kapitel 1. Nr. 30).

Hauptteil

Atmen

1. Jedes Paar (ein Elternteil und Kind) bekommt einen Tischtennisball. Zu viert stellen sie sich an einen Reifen und blasen die Tischtennisbälle im Reifen hin und her.

2. Der Reifen befindet sich senkrecht im Wasser: Nun wird der Tennisball durch das Reifentor geblasen *(Abb. 156).*

3. Die Hände bilden eine „Schüssel". Diese halten wir kurz unterhalb der Wasseroberfläche und blasen kräftig hinein.

Tauchen

1. Das Kind darf die Eltern naßspritzen. Beide bespritzen sich gegenseitig *(Abb. 157).*

2. Die Eltern bilden durch Anfassen eine Kette. Die Kinder laufen tauchend im Slalom unter den Armen her *(Abb. 158).*

3. Wir stellen uns zum Kreis zusammen, tippen mit den Händen zweimal auf den Kopf, auf den Bauch, die Knie und die Füße. Der Übungsleiter gibt dazu die Kommandos: „Kopf tipp, tipp; Bauch tipp, tipp; Knie tipp, tipp; Fuß tipp, tipp."

Abb. 158

Abb. 159

Abb. 160

Abb. 161

4. Das Kind taucht durch die gegrätschten Beine der Eltern *(Abb. 159).*

5. Die Eltern versuchen, die Zehen der Kinder zu greifen. Die Kinder laufen durch das gesamte Becken.

6. Jedes Paar bekommt ein Schwimmbrett. Dieses wird mit dem Kopf bzw. mit der Nasenspitze vorwärts geschoben *(Abb. 160).*

7. Das Schwimmbrett wird mit dem Kopf hochgestoßen *(Abb. 161).*

Gleiten

1. Eltern und Kind spielen Abschleppen. Das Kind legt sich auf das Schwimmbrett. Die Eltern ziehen ihr Kind durch das Wasser *(Abb. 162).*

2. Die Kinder halten das Brett mit gestreckten Armen fest und werden von den Eltern gezogen *(Abb. 162).*

Abb. 162

3. Spiel: „Karussell". In der Kreisstellung nehmen die Eltern jeweils zwischen sich ein Schwimmbrett, auf dem sich die sitzenden Kinder festhalten. Die Füße der Kinder zeigen zur Mitte. Das so entstandene Karussell dreht sich mal rechts-, mal linksherum *(Abb. 163).*

Springen

1. Die Kinder springen über ein Schwimmbrett bzw. zwei Schwimmbretter ins Wasser. Zuerst leisten die Eltern Hilfe, dann versuchen die Kinder, alleine zu springen.

Schluß

1. Spiel: Alle Schwimmbretter werden zum Turm gestapelt. Der Turm darf nicht umfallen.

2. Spiel: „Fischer, Fischer wie tief ist das Wasser?" (s. Kapitel 1. Nr. 5).

Abb. 163

8.3 Dritte Übungseinheit

Übungsgeräte für zehn Paare

10 Tennisringe,
10 Schüsseln,
20 Becher,
20 Tischtennisbälle,
2 Reifen,
2 Schwimmbretter,
5 Stäbe.

Erwärmung

1. Die Eltern führen einen Tennisring mit einem Finger durch das Wasser. Das Kind versucht diesen zu fangen. Sobald der Tennisring vom Kind eingeholt ist, wird gewechselt.

2. Spiel: Der „Zauberer“ (s. Kapitel 1. Nr. 38).

3. Spiel: „Ich bin ein kleiner Hampelmann“:

„Ich bin ein kleiner Hampelmann,
der Arm und Bein bewegen kann,
mal rechts m-m,
mal links m-m,
mal auf m-m,
mal ab m-m,
und auch mal klapp, klapp, klapp.

Man hängt mich oben an die Wand
und zieht an einem langen Band,
mal rechts m-m ...

Und stets mach ich ein froh' Gesicht,
denn Spaß verderben gibt es nicht,
mal rechts m-m ...

Mein Kopf, der ist mir schon recht toll,
weil ich nur immer hampeln soll,
mal rechts m-m ...

Und naht der Abend dann heran,
dann ruh' ich aus als Hampelmann,
vom rechts m-m ...“

Bewegungsformen sind aus dem Text ersichtlich. Eigene Vorstellungen können mit hineingebracht werden.

Hauptteil

Tauchen

1. Jeder bekommt einen Becher. Eltern und Kind begießen ihre Körperteile mit Wasser *(Abb. 164).*

2. Eltern und Kind stellen jeweils eine Blume dar, die begossen werden muß. Mit dem Becher wird Wasser über den eigenen Kopf und später über die anderen Köpfe und Beine gegossen *(Abb. 164).*

3. Die Becher sinken lassen und wieder heraufholen.

4. Die Becher sinken lassen und einen Tauchring um den Becher legen, die Augen dabei unter Wasser öffnen *(Abb. 165).*

5. Jedes Paar bekommt eine Schüssel. Eltern und Kind schöpfen die Schüssel mit dem Becher voll Wasser, bis sie untergeht. Die Schüssel dann wieder heraufholen *(Abb. 166).*

Abb. 164

Abb. 165

Abb. 166

Abb. 167

Abb. 168

Atmen

1. Jeder füllt seinen Becher mit Wasser und bläst hinein.

2. Die Becher werden nun auf das Wasser gelegt und über die Überlaufrinne geblasen.

3. Die Eltern tauchen und atmen aus. Die Kinder beobachten die aufsteigenden Blasen. Danach wird gewechselt *(Abb. 167).*

Springen

1. Alle stehen im Becken und springen auf der Stelle in die Höhe, dabei klatschen sie über dem Kopf in die Hände.

2. Beide Eltern halten einen Stab in Schulterhöhe zwischen sich. Die beiden Kinder versuchen, den Stab durch Springen zu erreichen.

3. Vom Rand aus über den Stab springen *(Abb. 168).*

Gleiten

1. Die Eltern ziehen ihr Kind am Stab hin und her. Das Kind soll dabei den Stab möglichst mit gestreckten Armen halten.

2. Beide Eltern halten einen Stab. Die Kinder hängen sich daran, legen sich rücklings auf das Wasser und strampeln mit den Beinen *(Abb. 169).*

3. Das Kind liegt auf dem Rücken der Eltern, die vorwärts gleiten.

Schluß

1. Tischdecken: Je fünf Paare bilden eine Mannschaft. Auf ein Schwimmbrett (Tisch) sollen fünf Kinder je einen Becher mit Wasser stellen, in den Becher einen Tischtennisball legen und den Tisch mit einem Reifen hin- und herziehen. Der Tisch und die Gedecke dürfen nicht umfallen *(Abb. 170).*

Abb. 169

Abb. 170

Anhang

Übersicht der Übungsgeräte:

1. Schüsseln (verschiedene Größen und Farben)
2. Becher
3. Bälle (Tischtennisbälle, Gymnastikbälle, Wasserbälle und sonstige)
4. Luftballons
5. Tennisringe
6. Tauchringe (geeignet sind auch Einmachringe)
7. Reifen (Gymnastikreifen, Armreifen, Schwimmreifen)
8. Strohhalme
9. Stäbe
10. Leitern
11. Bettlaken
12. Kieselsäckchen
13. Seile oder Leinen
14. Schwimmbretter
15. Taschentücher
16. Plastikflaschen (gefüllt mit großen Kieselsteinen)
17. Schwämme

Literatur

Deutsche Lebens-Rettungs-Gesellschaft e. V.
Ein Kleinkinder-Schwimmlehrgang. DLRG-Präsidium (Essen), ohne Jahresangabe.

Döbler, E. u. H.
Kleine Spiele. Sportverlag (Berlin) 1978.

Freitag, W.
Schwimmen. Rowohlt-Verlag (Reinbek) 1984.

Graumann, D./Pflesser, W.
Zielgerichtete Wassergewöhnung. Pohl-Verlag (Celle) 1981.

Häusler, W. Prof. Dr.
Lehrbögen für Leibesübungen. Georg-Kallmeyer-Verlag (Wolfenbüttel) 1960–67 Nr. 1–96, 1968–75 Nr. 97–102.

Kreis, F.
Er – Sie – Es, Familien treiben Sport. Bd. 11 der Schriftenreihe: Breitensport. Deutscher Sportbund (Frankfurt a. M.) 1973/74.

Lehnert, G./Lachmann, I.
Sport und Spiel mit kleinen Leuten. Sportverlag (Berlin) 1975.

Lewin, G.
Schwimmen mit kleinen Leuten. Sportverlag (Berlin) 1981.

Lory, P.
Bewegungsgehemmte Kinder im Wasser. Ernst-Reinhardt-Verlag (München, Basel) 1977.

Ministerium für Arbeit, Gesundheit und Soziales (MAGS)
Kindergarten Spiel + Sport. Wissenschaftliche Begleituntersuchung eines pädagogischen Modellversuchs zum Sport im Kindergarten (Düsseldorf) 1975.

Schütz, B.
Wassergewöhnung für Kinder im ersten und zweiten Lebensjahr. Eigenverlag (Düsseldorf) ohne Jahresangabe.